# LA RÉGÉNÉRATION

## DES CITOYENS

ET LA

## MÉMOIRE DES RÉPUBLICAINS

PAR

### JOSEPH GUERBERT

Ouvrier Charron.

AVOIR COMMENCÉ CETTE ŒUVRE LE 4 MAI 1873

---

L'Auteur se réserve tous droits.

---

PARIS
ASSOCIATION GÉNÉRALE TYPOGRAPHIQUE
RODIÈRE ET C<sup>e</sup>
19, RUE DU FAUBOURG SAINT-DENIS, 19
—
1873

# LA RÉGÉNÉRATION SOCIALE

Chers Concitoyens,

Nous avons essuyé de grands désastres et nous avons subi des douleurs profondes. Nous sommes dégénérés. Nos ancêtres étaient animés d'un courage qui leur faisait oublier les revers les plus cuisants. Quand ils voulaient vaincre les ennemis des républicains honnêtes, rien n'arrêtait leur ardeur. Ils purent ainsi lutter avec avantage contre les nations coalisées et faire trembler les monarques sur leurs trônes. Ils versaient généreusement leur sang pour leur chère patrie.

La France, depuis ce temps, a été ruinée. J'ai ressenti le contre-coup des malheurs publics, car j'ai perdu mes petites économies! Je les avais acquises par le travail. J'étais vertueux, j'avais la crainte de Dieu et je rendais le bien pour le mal. Quand on a rempli ses devoirs de citoyen pendant toute sa vie, il est triste de voir des misérables violer les lois du Seigneur et propager l'incrédulité.

Pour ramener le règne de la Providence, nous devons faire l'aveu de nos fautes. Nous voulons faire aimer la patrie comme on aime son semblable. Nous voulons une fraternité plus franche et une égalité plus loyale.

Le pauvre et le riche auront droit au même respect.

Il faut punir les prétendants au trône comme des traîtres. La conspiration des prétendants s'efforce de détruire la République légalement. Trois familles se réunissent pour discréditer les bons citoyens ; pour leur faire prendre en grippe le gouvernement populaire ; mais les citoyens énergiques et sages, en dépit de tous les obstacles, sauront asseoir le gouvernement de tous par tous sur des bases inébranlables.

Et lorsque ces soldats de l'idée auront fondé la République, les ennemis des institutions libres n'auront pas l'audace de détruire leur œuvre.

La tyrannie monarchique ne viendra plus plonger le peuple dans l'abîme. Rappelons-nous l'année 70, et gravons dans nos cœurs la leçon que nous ont donné les événements.

Si la Providence nous favorise, en faisant passer les prétendants de vie à trépas, la prospérité du pays s'ensuivra. On veut actuellement dégoûter le travailleur du gouvernement républicain. Mais le travailleur sera patient ; il pourra chanter la victoire du droit et s'écrier : La monarchie est anéantie et pour jamais ! honneur aux citoyens héroïques qui ont fait descendre au tombeau ces tyrans qui nous faisaient manger du pain bis et de la vache enragée.

Sans eux, nous devrions faire amende honorable pour nous être refusés à accepter ces demi-dieux, couverts d'or, qui prêchent la soumission.

Ces potentats étaient sans honneur, et la Providence conduit les citoyens sages à devenir les avocats du pays ; les défenseurs assurent la prospérité publique et font régner la paix.

*Mémoire du Citoyen-Monarque.*

Après la grande Révolution de 1789, la France fut donc attaquée par ces quatorze nations. On voulait la punir d'avoir aboli la noblesse. Nos pères, cependant, pouvaient-ils subir plus longtemps la dîme, ce droit monstrueux? Ils ont également secoué l'opprobre du fanatisme. Des créatures innocentes se soumettaient, sans murmurer, à une vile dénomination, croyant obéir ainsi à la volonté de Dieu ; et des misérables et des faux ministres, exploitant leur crédulité, affirmaient que l'esprit d'en haut avait, en effet, dicté ces commandements. Mais ces prêtres, indignes de ce nom, n'observaient jamais les règles. Loin de là, ils semblaient se faire un point d'honneur de les violer. Ils étaient corrompus, et exerçaient une influence pernicieuse sur la vertu, qui restait trop faible pour préférer la mort à la séduction.

Le ciel, ému par le spectacle de tant de souillures, a suggéré au peuple esclave l'idée de tenter un effort suprême. Il fallait briser des chaînes. On y arriva. Mais une conspiration sourdit : ceux qui profitaient des anciens abus appellèrent à leur aide le petit Caporal, et une réaction formidable se fit sentir. Le culte de la Vierge, non du ciel, redevint en honneur. Ce petit Tondu était cependant un illustre guerrier ; mais il n'avait pas de respect humain. Après avoir cueilli des lauriers en Égypte, il vit sa grandeur et son génie, prédits par des pèlerins de la Terre-Sainte, immolés à Jésus sous la forme d'un veau d'or. Le

Dieu que l'on adorait était son esprit et son pouvoir. Il ressemblait aux idôles de saints et de vierges inventées par les hommes d'argent pour s'enrichir plus sûrement, et tourner en ridicule ceux qui ont une croyance et qui ne sont pas vertueux.

Ce héros invincible mérita toutes les gloires à son pays ; ce fut le deuxième philosophe après Jésus. Ce pauvre Jésus est mort en bon citoyen pour la France républicaine. Il voulait délivrer le peuple de l'esclavage et le sauver de la tyrannie des faux dieux. Mais le grand homme du dix-huitième siècle, ce grand homme de courage et d'énergie pouvait facilement rendre à Jésus la justice qui lui était due.

Il pouvait respecter en lui le souvenir des Lieux-Saints où le Christ avait prêché la soumission aux lois de son père, le Tout-Puissant. Ce dernier a laissé immoler son fils dans le but de faire passer l'esprit qui l'animait aux grands hommes de l'avenir, et de les conduire au succès par la vertu et la sagesse. Cet esprit nous dit que pour être respecté, il faut s'imposer le respect d'autrui, avoir la conviction droite et pratiquer la justice ; car, hélas ! la fortune sans honneur n'est rien ; et, pour moi, la probité est le bien le plus précieux que l'on puisse acquérir parmi les hommes. Et si le héros, dont nous parlons plus haut, avait su rester fidèle à la femme qui l'aimait, au lieu de prendre une nouvelle épouse qui méprisait la France et qui voulait répandre le sang français ; si Napoléon I$^{er}$, fier de sa naissance, était resté franc républicain et observateur consciencieux de la loi de Dieu, il aurait pu donner à la France une constitution parfaite. Cette constitution aurait assuré la prospérité du pays et fixé les destinées du genre humain par le concours de la Providence. Elle aurait protégé la grande armée qui a été décimée par le froid et la faim, grâce aux fautes de son chef. Et le ciel, pour punir le chef de ses déréglements, l'a conduit à Sainte-Hélène où l'attendait une fin prématurée. Cet homme, qui avait fait trembler l'univers l'aurait soumis à sa domination, si le ciel ne s'y était opposé. Ce guerrier ne sut pas conserver la digne faveur que le Très-Haut lui avait donnée pour soutien et pour appui. La France n'avait jamais vu une reine si bonne et si sage. Cette sainte femme avait la bonté peinte sur le visage. Elle répandait les bienfaits et soulageait, dans sa tendresse, les douleurs des soldats blessés. Par ses soins dévoués, elle rappelait les moribonds à la vie. Les malheureux trouvaient en elle une mère. Sous quelle mauvaise passion a donc dû agir Napoléon pour délaisser une épouse aussi digne et aussi pure ? Cette sainte femme pouvait dire à son époux inconstant : « Tu me quittes, mais l'ange du Seigneur te quittera aussi, et tu me rendras justice plus tard. Tu reconnaîtras mon amour. Ingrat que tu es ! la Providence te châtieras selon tes mérites. Tu te repentiras, mais trop tard. Il ne sera plus temps de te recommander à celui que tu auras offensé. Malgré ton chagrin, tu seras puni, et jamais le monde ne pensera que Dieu ne t'avait créé supérieur aux autres hommes que pour mieux t'affranchir de toute retenue. Tu te croyais le maître de la terre, et tu n'obéissais à aucune loi! Tu as souillé ton honneur et ta gloire. Et tu peux regretter aujourd'hui d'avoir manqué à celui qui devait t'inspirer le respect et l'obéissance ! Il est infaillible. Après tous tes revers, qui ont amené l'envahissement de la France, tu as une dette à payer envers la compagne que le Ciel t'avait confiée pour faire ton bonheur et ta force. Avec moi, tu aurais marché partout triomphant, malgré le nombre de tes ennemis. Mais tu m'as abandonnée, tu as renié ma tendresse et méconnu mon amour. Ma bonté pour vous, ingrat, sera toujours la même. Je souhaite que Dieu te bénisse et te récompense. Voilà le désir que je forme pour toi. Ta propre conduite te conduira à l'évanouissement de ta gloire. Tu rêveras au passé, et le passé ne sera plus pour toi qu'une ombre. Il appartiendra à la justice de Dieu. »

Les traîtres nous ont conduits à la ruine. Ils nous ont jetés dans le deuil. Pour réparer les malheurs dont ils sont la cause, nous avons besoin d'une longue prospérité. Et pour que cette prospérité ne soit pas un mot vide de sens, débarrassons-nous des tyrans orgueilleux et méchants, jaloux de nous imposer la loi de la force brutale, et fort peu disposés à observer la loi morale et à respecter le droit. Si les Français fondaient la République sur le droit, la République serait immortelle.

Mais n'oublions pas que le conquérant, dans son exil, était souvent visité par le souvenir de sa bienaimée. Il avouait que l'ambition l'avait perdu. Et des larmes amères mouillaient sa paupière. Elles lui rappelaient ses fautes, dont il se repentait, et le Ciel refusait d'adoucir pour lui les maux de l'exil. La Providence est patiente ; mais quand elle a pris la résolution de nous châtier, elle peut nous détruire et entraîner dans le même anéantissement tous les hommes d'anarchie. A quoi bon, dès lors, faire souffrir ses semblables et précipiter dans l'abîme les enfants du Seigneur, quand on est, comme eux, ver de terre, et qu'on est obligé de retourner en poussière à cette terre que l'on flétrit ? Pendant six années d'exil, le héros n'a pas assez confessé ses fautes, il ne s'est pas assez amendé pour que son esprit ait pu acquérir la vertu d'humilier les lâches. Après avoir invoqué le Ciel, il s'est demandé pourquoi il s'était fait empereur ? Etait-ce pour détruire l'honneur de sa vie et se refuser la satisfaction de finir sa carrière en bon et franc républicain ? A l'heure de la mort, le Seigneur l'inspira, et il dit que dans cinquante ans la France, qu'il aimait tant, serait républicaine ou cosaque. En dépit des obstacles, le Ciel allait animer la France de l'esprit de Napoléon. Cet esprit avait pour mobiles l'affranchissement du peuple, la grandeur et la prospérité de la nation.

Un proverbe dit : « C'est au pied du mur qu'on voit le bon maçon. » C'est également à l'œuvre qu'on reconnaît l'habile et énergique travailleur. C'est par le travail qu'on peut apprécier l'homme capable. Et c'est après l'avoir apprécié en parfaite connaissance de cause qu'on peut l'honorer. L'estime qu'il provoque résulte des capacités qu'il possède. Si aujourd'hui le Ciel me fait un don, c'est que mon cœur était pur et ma conscience nette pour recevoir l'esprit saint de Dieu. Je me charge de défendre la justice de Dieu jusqu'à la mort. C'est avec une bonne foi entière que je lui jure fidélité, et c'est avec la plus grande sincérité que je reconnais sa haute sagesse dans le court espace de temps que je languis sur cette terre maudite. Un bonheur sans mélange attend l'homme juste dans les Cieux. Mon esprit en a le pressentiment. La perversité des hommes me fait songer aux douleurs de l'Enfer. Si mes paroles sont censées, tâchez [de les graver dans votre mémoire à seule fin de cimenter ici-bas l'union, la concorde et la paix. Que la fraternité vous fasse aimer un peu plus la patrie et vos semblables, et que l'on évite à l'avenir la destruction horrible de l'humanité par la guerre. Que les ambitions n'aient plus la sotte prétention de manger le fricot qui ne cuit pas pour elles. Qu'on laisse cueillir la poire à celui qui a reçu du Ciel la mission de la faire pousser. Celui qui cultive doit récolter. Celui qui travaille doit jouir du produit de son labeur. Ceux qui se contentent de regarder travailler, et qui n'ont jamais su gagner leur pain à la sueur de leur front ; ceux qui ne se sont jamais exténués pour donner à leur famille une existence précaire, ceux-là n'ont pas le droit de manger. Le travail d'un chef de famille ne suffit pas toujours pour donner aux enfants la subsistance. Espérons que l'avenir de ces enfants, de ces victimes innocentes sera meilleur que le présent. On les met à la torture en leur disant que des vessies sont des lanternes. On leur jette à la face les préceptes absurdes qui rendent aveugles les ignorants. S'il faut être bon, il faut craindre d'être bête. La vie n'est un fardeau que pour ceux qui l'acceptent ainsi.

Quand on a du cœur, ne se révolte-t-on pas en voyant des gens affirmer leurs vertus en faisant égorger leurs semblables. On dit que les égorgements assurent à leurs auteurs l'honneur et la gloire. Le triomphe est moral. Et pourtant ces gens-là pouvaient faire autant de bien qu'ils ont fait de mal. Ils avaient beaucoup d'orgueil et nourrissaient l'idée de vengeance.

Combien, hélas ! n'avons-nous pas vus de ces bandits heureux usurper la confiance publique? Nous ne vivons pourtant pas chez les sauvages, et nous ne sommes pas des anthropages. Nous ne mangeons pas la chair humaine. Nous savons nous contenter du gigot de mouton et du rôti de veau. Mais n'est-il pas lamentable de voir une nation, telle que la France, oublier de rendre à Dieu le culte qui lui est dû? Quels sont cependant ceux qui invoquent parfois son nom? Les innocents. Pourquoi? Parce que depuis la mort de Jésus, le Ciel a voulu que les opulents dominassent sur la terre, il en est résulté que les méchants sont devenus les oppresseurs des peuples. Ces monstres infernaux précipitent les masses dans un abîme d'horreurs et de douleurs. S'ils sont devenus nos maîtres, c'est notre faute. Nous avons toujours été trop bêtes. Nous étions un troupeau de moutons trop dociles, et nous avons voulu pour berger un aristocrate, c'est-à-dire un homme qui eût soin de nous conduire sans plus de gêne à l'abattoir. Quant à toi, citoyen honnête, ne te plains pas. Tu l'as voulu ainsi. Ne t'en prends pas à Dieu, que tu n'as jamais imploré, jamais écouté. Dieu avait cependant pour nous les meilleurs sentiments d'amitié. Et nous ne l'avons pas payé de retour. Mais nos faiblesses nous ont conduits à pratiquer une dévotion fausse, à afficher une piété menteuse, et à nous enorgueillir d'une raison prématurée. Nous ne songions nullement à entourer Dieu de notre fanatisme ni à nous défendre de manger de la viande les jours maigres. Cette loi a été faite par les hommes, et non par Dieu. Pourquoi peut-on manger de la viande les jours défendus, quand on porte de l'argent au curé par ordre du saint Père ? Le Ciel n'a pas besoin d'argent. Il ne demande que de la soumission, et se trouve satisfait lorsqu'il nous voit adorer ses bienfaits, reconnaître sa bonté et respecter sa justice. Cet esprit d'en haut est la lumière suprême. Elle m'éclaire. Elle n'a jamais projeté ses rayons sur une nation privilégiée. Les hommes n'ont jamais su garder cette égalité de vues. Ils se méprisent et se divisent. Pourtant la véritable piété consiste à pratiquer la vertu, à respecter le bien d'autrui, de vivre les uns pour les autres, et de ne jamais chercher à nuire à ses semblables. Est-ce que nous ne sommes pas tous les enfants de Dieu ? Est-ce que la Providence ne nous donne pas notre pain quotidien ? Les peuples, les gens sauvages ne veulent pas entendre le jargon du fanatisme. Ils disent bien qu'ils ne veulent pas être civilisés par des gens qu'ils ne comprennent pas. Nous sommes un peu dans leur position lorsque nous nous voyons contraints d'assister aux offices divins pour entendre un langage inconnu. On nous parle latin. Pourquoi pas chinois ? Je comprends parfaitement que nous devions travailler pendant six jours et nous reposer le septième jour. J'admets aussi que des hommes instruits viennent nous enseigner nos devoirs et nous apprennent à être heureux en affirmant au milieu de nous la fraternité.

J'ai interrogé des soldats qui avaient fait la guerre du Mexique. Cette campagne a été la grande faute de Napoléon III. L'empereur voulait détruire la République et venger la mort des missionnaires en attaquant une nation qui était plus raissonnable que la nôtre, puisqu'elle ne voulait plus de monarque et qu'elle avait horreur de la tyrannie.

Les prétendus sauvages ne veulent pas le moins du monde être civilisés par des vers de terre qui sont bien plus en retard qu'eux, et que ces êtres que l'on voulait subjuger pour continuer à les torturer comme nous. Ils sont bien plus fidèles que ceux qui voulaient les aveugler pour rester fidèles au culte des idoles ou des bonnes vierges impuissantes. Nos soldats, plus d'une fois, ont vu ces fidèles à genoux, au milieu de la plaine, invoquer le Ciel et adorer la lumière céleste. Mais nos cavaliers, pour s'assurer si ces justes étaient fidèles à leurs principes, passaient rapides comme l'air, et ne pouvaient ébranler la foi de ces hommes pieux. Voilà où l'on reconnaît la fermeté des cœurs fidèles à Dieu. Les justes aimaient mieux mourir que désobéir au Dieu qui les éclaire du haut du firmament. Les fanatiques et les dévots méconnaissent la grandeur et la puissance de Dieu. Ils se font une fausse idée du bonheur et négligent d'apprécier les causes de la prospérité nationale. Que les fanatiques et les dévots fassent comme moi, qu'ils renoncent à leurs pratiques idiotes, et que la paix règne sur la terre. Je ne suis pas plus payen que dévot ; mais je crois à la justice établie par la sagesse de l'Être suprême et non par l'invention des hommes. Si je ne suis plus aujourd'hui aussi borné que dans ma jeunesse, c'est que j'ai pu accorder à mon Créateur une grande et ferme confiance. C'est que j'ai pu méconnaître les idoles et renoncer au fanatisme pour vivre avec un Dieu en trois personnes dont l'esprit gouverne le monde. Les monarques de la terre ne sauraient atteindre à ce degré de gloire, pas plus que l'homme infaillible qui se dit le père omnipotent et le disciple immortel de Jésus. Après avoir été crucifié par son prédécesseur, il aurait fallu que Jésus eût bien peu d'esprit pour rendre sa force et son pouvoir à son plus fier bourreau. Je ne viens pas dire positivement que l'esprit de Jésus n'a jamais poussé les cléricaux à des œuvres de perdition ; car depuis dix-neuf siècles bientôt, l'esprit de Jésus poursuit la vengeance d'une mort horrible.

Nous espérons que l'ère de la délivrance, fixée par Jésus avant sa mort, arrivera bientôt. Puisse cette délivrance être la plus belle conquête scientifique. Car, hélas ! depuis bientôt dix mille ans que le monde existe, les citoyens honnêtes ont toujours été en minorité. L'idée de progrès, qui est l'idée de Dieu, aboutit au bien-êtae général. Dieu veut multiplier les pauvres honnêres qui manquent souvent du nécessaire. Il les soutient, en attendant qu'il fasse plus, dans leurs misères. Ces misères sont causées par l'inhumanité des riches. Il faudrait souhaiter que les riches inhumains fussent quatre fois plus nombreux qu'ils ne sont. Si ce résultat se produisait, le peuple, pour mettre fin à ses douleurs, serait capable d'un effort suprême.

### La Vie de l'innocence.

Ma jeunesse fut très-triste. Je suis né â Nancy, ancienne capitale de la Lorraine annexée à l'Allemagne. Au fond, cette ville est restée soumise à la France. Nous espérons qu'avant peu la cité conquise nous reviendra. Le jour où elle manifestera ses velléités d'indépendance, je saurai la seconder. Je naquis donc dans cette ville, le 6 août 1836. Mon père était un homme intègre et bon ; ma mère était une femme énergique et courageuse. Ils étaient aux gages d'un monsieur de Nancy. C'étaient de bons serviteurs. Ils se plûrent et se marièrent. Après quelque temps de ménage, la femme prit son mari en gripe et le quitta. Elle retourna dans sa famille ; on la blâma hautement. Neuf jours après ma naissance, je revis les montagnes des Vosges, où je restai jusqu'à l'âge de quatre ans et demi. En apprenant ma naissance, mon père écrivit une lettre touchante au maire de la commune de Bains, où j'avais reçu le jour, et lui envoya, pour la mère, un mandat de 50 francs. Il le priait en même temps d'intervenir en sa faveur auprès de l'ingrate. A cette époque mon père ne gagnait que 25 francs par mois, et il envoyait chaque mois 20 francs à ma mère. J'étais un enfant candide, et j'avais le malheur de posséder une grande cousine qui me taquinait beaucoup. Je dois avouer que j'étais né de parents non mariés ; mais aussitôt après ma naissance, mon père et ma mère s'unirent légitimement. Je pûs, grâce à cette union, éviter les embûches que m'attirait déjà ma grande cousine. Cette misérable, âgée de quatorze ou quinze ans, avait voulu me perdre ; par bonheur, le Dieu Tout-Puissant ne m'a pas abandonné, et j'ai pu, grâce à une volonté persistante, conserver mon innocence jusqu'à vingt-cinq ans.

Voici une proclamation que j'avais l'intention d'adresser au peuple français, le 31 décembre 1871, pour me porter candidat aux élections du 7 janvier 1872.

Je l'avais déposée aux bureaux du journal *le Peuple souverain*. Au lieu de l'insérer, on tourna son auteur en dérision. On dit que je professais les doctrines les plus détestables ; que j'avais parlé dans les clubs et que je faisais partie de plusieurs sociétés secrètes. Je n'ai pas besoin de répondre qu'il n'y avait rien de vrai dans tout cela. Je disais dans ma profession de foi :

C'est au nom du peuple français et par la volonté de Dieu que je viens poser ma candidature dans tous les départements qui ont des députés à élire. J'ai l'ambition de représenter le peuple français. Je serai un défenseur énergique de la République honnête. Je contribuerai à faire régner l'ordre et la prospérité. Le pays, après de grands désastres, a besoin de l'un et l'autre. Que ce mot *liberté* ne soit pas un vain mot, et que la police secrète fasse place à celle des honnêtes gens. Qu'on ne cache rien au public ; qu'on lui parle sans détours ; et qu'on obtienne enfin le droit de dévoiler les sourdes menées des traîtres à leur patrie. C'est cette liberté juste et honnête que nous voulons obtenir. Nous arriverons ainsi à l'égalité. La véritable égalité n'aboutit nullement au partage des biens. Mais toute personne digne de confiance doit pouvoir détenir des biens en location. Jusqu'ici, le travailleur sorti d'une famille pauvre est resté malheureux. Le soleil, dit-on, luit pour tout le monde. Mais combien de millionnaires se seraient enrichis s'ils n'avaient eu que leur travail pour faire fortune? Depuis Robespierre, que de biens-fonds ont été accumulés et transmis!

Et pourtant Dieu a voulu que la terre fût cultivée par les familles, au lieu de passer en la possession des usuriers et des escrocs, comme du temps de la dîme et du droit du seigneur. A cette époque, on jetait dans les oubliettes les héritiers de ces fortunes immenses, et les couvents arrondissaient leurs domaines. Mais un jour nos pères ont laissé éclater leur colère et ont imposé un terme à ces vols audacieux. A quoi bon se recommander à Dieu lorsqu'on viole ses lois? Avant 1789, les hommes que suit le succès donnent autre chose que l'exemple de la justice. Il est bien malheureux qu'un homme comme moi ne puisse pas dire ce qu'il a sur le cœur. Je pourrais raconter des choses qui feraient rougir de honte les accapareurs et provoqueraient l'étonnement des honnêtes citoyens qui, jusqu'ici, n'ont pu connaître sous leur vrai jour les lâches et les Judas. Nous espérons que notre situation changera avant peu, grâce aux progrès de l'instruction.

En matière d'impôts, on devrait commencer par taxer les accapareurs de biens d'autrui. L'impôt devient un devoir pour tous ceux qui ont le moyen de ne rien faire. Dieu nous impose l'obligation de soulager les malheureux qui, depuis des siècles, restent en proie aux douleurs causées par la misère. Leur situation lamentable est le fait des hommes pervers, qui se plaisent à tyranniser. Ils sont remplis d'orgueil. La vengeance les aveugle. Ils veulent tyranniser le peuple souverain au lieu de lui donner une instruction gratuite, laïque et obligatoire, au moins jusqu'à quinze ans. Si cette instruction était généreusement répandue, on verrait tous les citoyens courageux honorer leur patrie, et la France pourrait enfin relever la tête. Nous devons nous rappeler les tristes événements dont l'ignorance a été l'origine et en rappeler le souvenir à nos enfants.

Pour que la fraternité serve de fondement solide à la République, il faut le concours de tous, et pour que la justice règne enfin dans ce monde, il faut que les gros bonnets cessent d'opprimer le peuple.

Car, hélas! si nous avions l'instruction gratuite et obligatoire, pour l'un comme pour l'autre, on verrait peut-être un grand nombre de citoyens pauvres acquérir l'expérience qui leur manque et fortifier leur esprit.

Au fond, le but que nous devons poursuivre consiste à conduire sagement notre barque. Ramenons la prospérité; acquérons de la gloire. Notre prestige a été récemment éclipsé. La France a été humiliée.

Pour rendre à notre belle patrie la splendeur perdue, il suffit de respecter le suffrage universel. Je n'admets pas qu'on retire à certains citoyens le droit de s'affirmer au scrutin. L'ouvrier doit voter quand même il serait chez un patron depuis moins d'un an.

D'après la loi actuelle, on peut dire au citoyen sous les armes :

Bien que tu sois honnête, que tu n'aies jamais quitté ton pays et que tu sois tout disposé à verser la dernière goutte de ton sang pour sa délivrance, tu n'es pas moins mis dans l'impossibilité d'exercer tes droits d'électeur.

C'est ainsi qu'on prétend respecter les citoyens décidés à défendre jusqu'à la mort la sécurité de leur chère patrie. Ils veulent guérir les plaies de la France; ils veulent cicatriser les blessures avant d'arriver à des réformes politiques. En cela, ils suivent le précepte recommandé par les médecins, et qui consiste à purger le corps malade avant de le saigner.

Il est vraiment malheureux qu'aux élections de 1871, le peuple ait fait si bon marché de son amour-propre. Il aurait dû se lever contre l'affreuse conspiration qui tendait à nous réduire tous à un esclavage honteux, et qui se plaisait à oublier la perte de deux provinces. L'Alsace était complétement annexée, et une partie de la Lorraine nous était enlevée. La Lorraine, jardin de la France, possédait la première ville de guerre, Metz. Elle était restée invincible après l'invasion de 1814 et celle de 1815. Oublieux d'eux-mêmes, les citoyens français ont laissé faire les élections. Ils ont refusé de se rendre au scrutin.

Ainsi se sont avoués vaincus les défenseurs de la

France, qui avaient relevé l'honneur et la gloire du pays en repoussant les conditions du vainqueur. Mais à tout péché miséricorde. Le sentiment de la sagesse et du patriotisme porte à honorer les radicaux et à délaisser les royalistes, qui se disent conservateurs : conservateurs de quoi ? De l'anarchie. Ils veulent nous ensevelir sous un monceau de ruines. Les radicaux, au contraire, veulent fermer nos plaies et apaiser nos douleurs. Elles ont été causées par l'infamie des traîtres. Lorsque l'idée de justice pénétrera dans les âmes, nous verrons la France reprendre son rang dans le monde et imposer sa loi aux puissances étrangères.

Jamais nos vainqueurs n'atteindront au degré de gloire où nous sommes parvenus ; jamais ils ne jouiront de l'honneur qui fait notre force. Jusqu'ici leur principal mérite a été de nous avoir fait manger de la vache enragée, et de nous avoir suscité des douleurs qui poussent à la révolte. Une telle conduite est bien innocente aux yeux d'un peuple qui a fait tuer les enfants sous les yeux de leurs pères. Ces gens-là riaient de nos malheurs et convoitaient le bien que nous avions pu acquérir par notre écouomie. Ce bien-là était le fruit du travail. C'était la récompense d'une vie régulière.

En résumé, quand on est juste et qu'on a su remplir ses devoirs, on fait valoir aux yeux des étrangers les titres que comporte une telle situation. Si tous les Français avaient agi ainsi, au lieu d'être des piliers d'estaminet ou d'entretenir des filles, les choses se seraient passées tout aurement. Les passions mauvaises qui remplissaient le public ne nous donnaient pas l'ardeur nécessaire pour accomplir notre délivrance. On ne faisait aucun effort pour soulever le peuple ; et, au milieu de l'indifférence générale, les prétendants s'agitaient dans le but de livrer la France à l'ennemi.

Ils poursuivaient ainsi une intention coupable ; Ils voulaient nous gouverner. Ainsi, ils espéraient nous amener à résipiscence. Car nous refusions de nous soumettre au culte des idoles. Nous repoussions toute espèce de fanatisme. L'Esprit Saint, après tout, n'a aucun pouvoir sur Dieu.

La dévotion se réduit à une foule de simagrées complétemeut inutiles. Ce que je n'admets pas, c'est qu'un homme vertueux et sage soit excommunié par un prêtre, sans vertu ni sagesse. Quand on veut rester fidèle aux lois de Dieu, on reste bon patriote, et l'on cultive la femme qu'on veut épouser. Alors on n'est pas réduit à la triste nécessité de dire : Mes frères, faites comme je vous dis et non pas comme je fais.

Ceux qui n'ont aucune faute à se reprocher ne doivent reculer devant aucun péril.

On doit montrer qu'on est homme de cœur. On doit montrer au peuple qu'on a su remplir ses devoirs ; et si l'on ne peut combattre la calomnie, on peut du moins s'en rapporter au jugement des honnêtes gens.

On méconnaît généralement le mérite des citoyens qui se dévouent à leur pays. Au contraire, on vante les qualités des prétendants qui veulent ruiner le commerce et l'industrie, et nous faire oublier l'honneur en anéantissant la prospérité nationale. Ils tentent de nous dégoûter de la République pour nous faire acclamer la royauté. C'est dire que les gros bonnets doivent continuer à tenir la queue de la poêle.

Tel est le programme de ces braves prétendants. Il aboutit fatalement à l'effusion du sang.

Le peuple n'aime pas la monarchie, mais il aime son pays. Il est affreux d'assister au retour périodique de la guerre civile fomentée dans le but de renverser un monarque qui ne plaît pas. Le souverain qui lu succède, à la vérité, est souvent plus mauvais. Le prédécesseur a tenté de tuer la liberté et de renverser la République. Il y est arrivé. Il est toujours déplorable d'avoir à repousser une telle agression. N'est-ce donc point assez, en effet, de défendre l'intégrité du territoire national ? Lorsque le danger public réclame le dévouement de tous, personne ne récule. La génération qui grandit n'est pas responsable des maux de la guerre.

Si jamais, sous la troisième République, l'étranger envahissait la France, le peuple se lèverait en masse pour le repousser. Quand on marche à l'ennemi, sans distinction d'âge ni de rang, on honore véritablement son pays.

Pour que ce résultat soit atteint, il faut abolir la conscription ; il faut faire disparaître la tolérance et le privilége. Que tout le monde soit soldat. Les hommes valides feront partie de l'armée active. Les infirmes entreront dans l'administration. Les premiers défendront la frontière. Pour que cette défense soit réelle, il nous faut de l'ordre et de l'union ; il nous faut une organisation solide. Si l'on est pratique, on exigera au moins trois années de présence au corps. Après ces trois années, on fera, le dimanche, des manœuvres sérieuses. C'est par le travail qu'on parviendra à relever le pays. Ainsi, nous nous montrerons dignes de nos ancêtres. »

Telle est la première proclamation que je voulais adresser au peuple français. Electeurs, ne craignez jamais de donner vos suffrages à un ouvrier. Le peuple trouvera en moi un défenseur énergique. Ma seule ambition est d'être l'ami de ceux qui souffrent. Voilà les sentiments qui m'animent en ce moment. J'attends patiemment le résultat du vote.

---

Lettre adressée à S. M. l'empereur d'Allemagne.

C'est au nom de la France et sous l'inspiration de l'Esprit Saint que je m'adresse à S. M. l'empereur d'Allemagne.

Je vous écris ces lignes d'une main inhabile ; mais cette lettre est dictée par le grand Esprit qui punit les bons et récompense les méchants. Sa puissance est infinie ; sa lumière devient un soleil de bonté et de justice.

C'est la source des vertus les plus pures. Il constitue l'être le plus digne d'être aimé. C'est le Créateur des cieux et de la terre. On le nomme le père Tout-Puissant. Il est éternel. C'est le père des trois personnes en Dieu. C'est par sa volonté que le fils a un esprit pur et que le Saint-Esprit existe ; mais le père conserve toujours la puissance et les trois personnes n'en font qu'une.

L'homme qui se dit un ferme soutien de la justice et qui la viole est un misérable. Au fond nous sommes imparfaits; et nous ne pouvons que nous soumettre aux ordres de la Providence. Nous ne vivons que par la grâce d'en haut. Une foule de dangers nous entourent. La foudre du ciel peut nous anéantir; une épidémie peut nous décimer. La science des hommes est impuissante. Lorsque l'esprit du Seigneur quitte les hommes tout est fini. La nourriture spirituelle complète la nourriture matérielle. Pour bien vivre, il faut conserver un cœur sincère dans un corps sain.

Les dix commandements du Seigneur ne sont pas un code bien volumineux; on peut les savoir par cœur. C'est le plus beau code qui existe. C'est sans doute pour cela que bien peu d'hommes le suivent. Il est cependant bien évident qu'on viole la loi du Seigneur en s'emparant du bien d'autrui. Nous espérons que les hommes pervers qui agissent ainsi se soumettront un jour aux lois de la justice divine. Jésus, au fond, était un bon républicain. Ses disciples l'ont laissé mettre à la torture. Les gros bonnets de ce temps-là ont voulu se débarrasser du novateur qui avait su déjà se gagner le peuple. La mort de Jésus a été une calamité publique. Le martyr, il est vrai, a dit avant de mourir que son corps succombait, mais que son esprit échappait à l'outrage. Cet esprit devait porter les peuples dans la suite des siècles à chercher leur délivrance dans la République.

Les républicains sages trouvent dans la mort du Christ des exemples de courage et d'énergie. La victoire leur est assurée, s'ils savent déjouer les embûchés des royalistes. Le père du Christ a éclairé sur leurs droits les peuples, qui sont liés à sa misére. Il leur a appris comment on se délivre des intrigues sous lesquelles on gémit.

La terre appartient à son Créateur, et non pas aux Césars qui usurpent l'autorité et veulent faire plier sous leurs lois. Ne craignons pas de nous montrer rebelles aux volontés des tyrans ; mais restons toujours fidèles aux injonctions du grand Esprit qui se manifeste sur la montagne du Sinaï. C'est en suivant cette voie que nous ferons une œuvre utile. Si nous sommes ignorants, qu'importe ? Pour laisser de soi un bon souvenir, il n'est pas indispensable d'avoir enrichi le domaine des sciences. D'ailleurs, nous souhaitons que les érudits oublient leurs connaissances. Combien de gens ne comprennent pas la politique, parce que les politiciens semblent parler hébreu. On dirait que les hommes d'Etat imitent les prêtres et s'efforcent de rendre les masses imbéciles ou idiotes.

Quant à la France, elle a toujours été fanatique et s'est toujours appauvrie en nourrissant les desservants oisifs de Ponce-Pilate, de l'auteur de la saint Barthélemy et les partisans de celui qui fit la guerre de 70-71.

Toutes ces fautes ont été un peu causées par nos divisions. La plus terrible des calamités a été l'insurrection de 1871.

Espérons que le Ciel nous rendra le courage et l'ardeur de nos pères. Nous pourrons ainsi, avant peu d'années, faire trembler les ennemis de la France. Nos pères étaient ignorants, mais vaillants. Ils versaient leur sang pour la France, leur tendre et chère patrie. Ils affrontaient les plus grands obstacles et les surmontaient.

L'ennemi qu'ils ont vaincu nous a humiliés.

Les traîtres, après la retraite de Moscou, ont perdu nos pères. Après tout, il n'est pas difficile d'user le courage des soldats les plus braves. Il suffit, pour cela, de comploter des revers. Pourquoi donc la France n'a-t-elle jamais eu pour chefs que des mandataires infidèles ? Les hommes les mieux doués se sont appliqués à vendre la gloire de leur pays. Ils ont pulvérisé les lauriers cueillis dans vingt batailles pour qu'un coq gaulois vînt détrôner le roi des oiseaux. Aujourd'hui, des intrigants parlent de faire refleurir les fleurs de lis. Qu'importent, au fond, les fleurs et les bannières ? Les citoyens honnêtes n'ont pas d'étendard. Ils ne poursuivent que le règne du droit et de la justice. D'ailleurs, tout nous porte à croire que la France est délivrée à jamais des méchants qui ont eu la perversité de la vendre. Les prétendants sont finis. Le trône, qu'ils convoitent, leur échappera. Plus de tyrannie ! Plus d'oppression ! Si nous avons du cœur, revendiquons nos droits et vengeons la France humiliée. Le jour où la République aura su accomplir la victoire du droit, nous pourrons dessiner un lion, symbole de la force, dans les plis de notre drapeau tricolore.

Et nous nous promettrons bien de ne pas retomber dans les mêmes épreuves. Au lieu ne nous endormir sur nos succès, nous établirons *illico* une constitution ayant pour base la fraternité. Nous fonderons l'ordre.

Nous affermirons la sécurité. Et la République réellement conservatrice fera le bien du pays. Quant aux nations étrangères, elles seront humiliées à leur tour de voir durer un gouvernement populaire et sage.

Si nous voulons voir se réaliser un tel programme, évitons toujours les effusions du sang ; combattons nos ennemis par le secours de la raison. C'est par de tels moyens que l'on obtient un résultat honorable.

C'est ainsi, d'ailleurs, qu'on observe les lois du Seigneur et qu'on respecte la volonté suprême.

Comme on le voit, il est très-facile d'asseoir la paix sociale sur la liberté, l'égalité et la fraternité. Il ne s'ensuit pas que nous ne devions pas avoir de supérieurs ; mais les supérieurs seront tenus de se faire agréer des inférieurs. Les choses se passeront ainsi dans l'armée. Et l'officier nommé par les soldats sera mieux obéi. Les chefs qu'on impose n'inspirent qu'une confiance médiocre.

Voyez les excès auxquels se livrent parfois les soldats en temps de paix. En campagne, les inférieurs se servent parfois, pour se venger d'un excès de pouvoir, de leurs fusils. Après une bataille, on peut répéter les paroles de Napoléon I$^{er}$ à des officiers, à la vue d'un champ de carnage : « Ce ne sont pas les balles de l'ennemi qui ont tué tous vos collègues. »

Mais nos ennemis, par des coups de canne et la prison, ont pris l'habitude de se débarrasser des chefs qui ne respectent pas leurs hommes, qui ne savent pas les considérer. Ces soldats sont des hommes comme eux, bien qu'ils n'aient pas de grades. A quoi bon passer sa vie dans l'intrigue lorsqu'on n'est que poussière ? Quelle que soit la situation qu'on ait pu acquérir par sa volonté, on doit retourner au fond commun de la nature. La vie est courte ; la mort arrive à l'improviste, et si l'on veut laisser après soi une mémoire respectée, il faut être exempt d'orgueil.

Écoutons ici la voie sympathique de l'Ancien Testament : elle nous enseigne la vertu et nous trace le chemin du firmament. Elle fortifie nos esprits et nous apprend à discerner le bien du mal. Il ne s'agit pas ici de ces pèlerinages grotesques qui s'accomplissent presque toujours dans des lieux écartés. Les filles y vont sans leurs mères et y rencontrent des amants ; on se voit en cachette. Les sens s'éveillent ; et lorsque les sentiments affectueux ont fait leur temps, d'autres sentiments, et ceux-ci tout contraires, les remplacent. Comment la séduction peut-elle ainsi s'opérer ? Hélas ! quand une jeune fille se croit aimée, elle suit la loi de la nature et cède. Les miracles les plus beaux se résument dans ces faits : et la dévotion la plus fervente aboutit à la perte de la vertu et de la sagesse. Ainsi, que des familles honnêtes se méfient de la dévotion ! Le Ciel réserve ses faveurs à ceux qui savent rester purs.

Du temps de Jésus, les Lieux-Saints étaient à peu près dans la situation où se trouve aujourd'hui la France. Alors il y avait déjà des seigneurs qui voulaient être omnipotents, et l'on avait à lutter contre les plus grandes souillures. Le fanatisme était encore plus profond qu'aujourd'hui. La plupart des seigneurs s'étaient associés avec les autres et avaient fomenté la rébellion contre Jésus. Ils voulaient le conduire au supplice, parce qu'ils voyaient en lui un novateur instruisant les ignorants. Ce novateur voulait délivrer les malheureux de la misère où les avaient plongés les faux dieux. Il faut dire que le peuple était l'esclave docile de ceux qui allaient crucifier Jésus. Ces grands criminels recevaient les ordres du fameux Ponce-Pilate. Et au moment où Jésus souffrait le martyre sur la croix, combien le fils de Dieu avait de disciples chez ses ennemis ? Mais lorsque ces disciples, qui étaient de véritables esclaves, avaient subi les derniers outrages, on les chassait indignement.

Le viol et l'inceste étaient choses fort ordinaires.

La vertu était un bagage qu'il était fort difficile de conserver. J'avais écrit à l'empereur d'Allemagne pour savoir où la situation actuelle pouvait conduire la France.

Une conspiration infernale avait, en effet, causé tant de victimes ! Quand on songe à ces tristes événements, on admet sans peine que des gens conduits par la crainte de Dieu ne peuvent agir en Judas. Les Français ont cueilli des lauriers en Crimée. Ils y ont récolté une gloire durable. En Italie, ils ont poursuivi le cours de leurs exploits.

Quant à nous, nous perdons une cité qui n'avait jamais été prise, et nous devons y ajouter deux provinces et cinq milliards. S'il y a eu réellement mariage entre l'Allemagne et la France, il faut avouer que les frais de la noce s'élèvent à un prix assez élevé. Tant que les Allemands auront l'habitude de conclure de tels marchés, ils ne se ruineront pas. D'un autre côté, ils n'enrichiront pas non plus le pays conquis, resté essentiellement français. Je suis né à Nancy, ancienne capitale de la Lorraine. Je m'efforcerai de contribuer à la délivrance de cette province. Que votre Majesté Allemande en reçoive ici l'assurance.

Monsieur Guillaume, peut-être votre majesté n'a-t-elle pas oublié l'histoire de M. Guizot, célèbre ministre de France, qui eut le bon goût de faire prendre à son maître Louis-Philippe le chemin de l'exil. Prenez garde de n'avoir pas un successeur à votre convenance. On vous a proclamé empereur d'Allemagne à Versailles. Ce fait ne vous dispense pas de franchir la frontière, comme l'empereur qui vous a rendu son épée.

Avant d'écrire cette lettre, je m'étais adressé à M. Thiers. Je voulais porter au chef de l'Etat mes témoignages de dévouement. Voici ma supplique :

Monsieur le Président, c'est en l'honneur de votre excellence que je mets la main à la plume. Je sollicite humblement de votre excellence une audience.

Je désire vous parler en particulier et vous communiquer les ordres que la Providence me dicte dans votre intérêt et dans l'intérêt de la France. En attendant votre réponse favorable, je suis votre très-humble et très-obéissant serviteur.

J'ai encore adressé à M. Thiers cette autre lettre :

Monsieur le Président, c'est dans l'intérêt de votre excellence que l'esprit de Dieu m'oblige à vous écrire pour la troisième fois. Je désire vous entretenir pendant quelques instants. J'insiste au nom de la France qui aime la justice et le droit, et qui conservera la République. Vous avez dû remarquer, dans ma dernière lettre, que j'étais réellement inspiré par Dieu. J'obéis à la volonté d'en haut. Je m'y conforme en favorisant le commerce, en arrêtant l'effusion du sang. Si vous daignez me comprendre, nous serons, vous et moi, les deux plus grands hommes que la terre ait jamais portés.

Nous aurons d'abord l'honneur d'être justes et de rester fidèles aux lois du Seigneur. Par notre sagesse et notre éloquence, nous saurons ramener tous les citoyens dans le devoir. Pour nous, la richesse la plus brillante sera la loyauté. Nous nous efforcerons de rendre justice aux plus pauvres comme aux plus riches. Nous n'aurons pas plus de tolérance pour nos amis que pour nos ennemis. D'ailleurs, quel homme de cœur ne tenterait pas de soulager le sort de ses compatriotes, récemment aggravé par une guerre maudite qui a ruiné nos belles campagnes et jeté leurs habitants dans la misère ? Tel fut le résultat d'une conspiration malheureuse ourdie par celui que la faiblesse de la France avait accepté comme chef suprême. Ce chef se croyait le Dieu des armées ! Il ne sut pas commander. Il perdit, par sa faute, nos lauriers. C'est qu'il n'avait pas avec lui l'Esprit saint. Il fut incapable de soutenir la gloire de la France. Ainsi, Bonaparte oublia les nobles traditions de nos ancêtres, de ces héros dont le courage et l'énergie ne connaissaient pas d'obstacles. Ils étaient pourtant ignorants. Mais ils savaient se sacrifier pour leur pays, et le peuple avait confiance en eux.

Aujourd'hui, nous sommes partisans d'un ordre de choses qui repose sur l'instruction largement distribuée à tous, et qui empêche le retour des calamités d'autrefois. Nous ne voulons pas nous exposer à nous ensevelir nous-mêmes sous les ruines de la patrie. Pour oublier les douleurs du passé et fermer les anciennes cicatrices, nous augmenterons la prospérité nationale. Et nous écarterons les sauveurs, les traîtres et les lâches qui trafiquent de l'honneur et vendent la patrie. Leur conduite indigne a soulevé le dégoût des nations qui nous entouraient de leurs sympathies.

Ces remèdes sont en mon pouvoir et au vôtre. Ils nous sont donnés par la Providence qui nous a fait arriver au rang suprême pour signer cette paix douloureuse, et nous a permis de nous délivrer de l'invasion étrangère. Mais malheur à vous si vous refusez de pénétrer les desseins de la Providence. Aussi, je vous prie de ne pas craindre de mettre la main à la plume pour me donner une réponse satisfaisante. Appelez-moi près de vous, et unissons nos efforts pour faire régner la justice sur la terre. Que votre excellence ne dédaigne pas ma présence. Je ne suis, il est vrai, qu'un ouvrier ; mais un ouvrier honnête. La probité la plus délicate dirige mes actes, et la Providence est venue à moi pour m'encourager. Elle a trouvé en moi une conscience tranquille. J'ai 35 ans, et je puis m'attribuer le mérite d'être dans la bonne voie. Je sais ce que je dois faire pour gagner l'estime des honnêtes gens. Il y a environ dix-sept ans, l'Être-Suprême a inspiré mon père et a annoncé ma destinée. J'ai alors pressenti tout ce qui allait arriver en France. On me disait : Malgré ta pauvreté, tu pourras défendre mon règne comme le plus célèbre des avocats. Tu auras la parole déliée et l'éloquence élevée. Bien que le vice pervertisse les hommes, tu remporteras des succès parmi les hommes. Par le contact de tes vertus et de ta sagesse, ces hommes apprendront à respecter mes lois et à se soumettre à ma justice. Je ferai pénérer ma grâce dans l'esprit des innocents. Ils sauront, par leurs vertus, obtenir leur délivrance. La liberté et l'honneur les guideront. D'ailleurs, tous les bons républicains prendront exemple sur la vie de Jésus. Ils appliqueront ses principes qui aboutissent au bonheur du peuple et à la disparition des tyrans. Que les républicains acceptent l'Oraison dominicale et le Symbole des Apôtres, et les dix commandements du Seigneur, le Père tout-puissant. Qu'ils adorent un seul Dieu en trois personnes ; qu'ils sanctifient le dimanche ; qu'ils imitent leur Créateur qui se reposa le septième jour. Si chacun de vous adopte cette règle de conduite, nous verrons avant peu le Ciel nous combler de ses bienfaits. Nous pourrons engranger la moisson mûre, et nous ne serons plus châtiés par la Providence. Nous n'aurons qu'à nous prémunir contre les effets de la vengeance des hommes, qui tentent toujours d'honorer le fanatisme. Ce fanatisme aboutit à l'existence d'un Dieu méchant. Il a pour ministres des hommes haineux qui veulent nous inspirer la crainte de la Providence. Et lorsque l'insuccès a été la récompense de nos travaux, nous nous en prenons au Très-haut, au lieu de réserver nos reproches à ses indignes ministres. Si nous croyons un peu plus au Dieu juste et bon, la prospérité du pays augmenterait. Pourquoi ne laissons-nous pas les orateurs du fanatisme prêcher dans le désert ? Ils veulent nous soutirer notre or et notre argent pour nourrir les désœuvrés. Dieu nous envoie des châtiments afin de nous ouvrir les yeux. Il est étonné de voir ses enfants se persuader que les souffrances leur sont réservées ici-bas, et qu'on ne trouve le bonheur qu'au delà du tombeau.

M. le Président, je joins à ma lettre la copie de la profession de foi que j'avais adressée au peuple souverain, le 31 décembre 1871. Je voulais poser ma candidature dans tous les départements où il y a des vacances.

En attendant votre réponse, je suis fidèle au grand Esprit, lumière du firmament.

---

*Roissy, le 6 Janvier 1873.*

Monsieur le PRÉSIDENT,

C'est en l'honneur de votre excellence, et à l'occasion de la nouvelle année que je m'empresse de mettre la main à la plume. La Providence me dit de vous demander une entrevue. Je voudrais causer longuement avec vous, ce n'est pas en quelques minutes que je pourrais vous communiquer mes vues, je tente de défendre l'ordre et la justice. Je m'efforce d'affermir la sécurité, et de contribuer à fonder la République. J'ai pour tactique de lutter contre la monarchie. Je veux vaincre sur tous les points, malgré les revers et les incertitudes, la victoire me sera due par la volonté du grand Esprit qui me dicte sa loi et guide mes pas, ne méprisez pas mes conseils. Je suis votre fils : je me donne à vous. Je saurai vous mériter la sympathie du peuple et assurer votre suprématie par le suffrage universel. Et il sera vraiment étrange de voir un ignorant renverser la monarchie et détruire l'idolatrie sans effusion de sang.

Voyez, cher père, combien l'homme qui vient à vous est digne de votre affection. Il est tout pret à se soumettre à vos ordres, pourvu que vos ordres respectent la volonté de Dieu. Car Dieu est le père suprême. Si le grand maître m'envoie vers vous, c'est qu'il a trouvé ma conscience nette et mon cœur droit.

Je prie en grâce votre excellence d'adopter le fils légitime qui s'offre à vous dans votre intérêt, et qui espère vous voir conférer la Présidence à vie. Puissiez-vous finir vos jours au pouvoir, avantage que les rois d'aujourd'hui ont perdu. Vous aurez la gloire d'avoir retiré un peuple d'un abîme de misère, et d'avoir rétabli dans son sein la concorde et la paix. Grâce à vous, la liberté, l'égalité et la fraternité ne seront plus de vains mots.

Ainsi pourra vivre et prospérer la République. Elle reposera sur des bases indestructibles. Vous la fonderez si vous m'honorez de vos bienfaits. En un mot; tout vous est possible pour moi, votre fils chéri.

---

Chers concitoyens, ma lettre ne reçut pas de réponse. J'espère que le successeur de M. Thiers me

— 36 —

comprendra. Il saura peut-être réparer nos désastres militaires. En attendant les évènements, soyons sages et prudent.

---

Lorsque cette brochure aura obtenu le succès qu'elle mérite, je publierai la vie de Jésus, dictée par lui-même au soussigné. Cette œuvre sera longue; mais les lecteurs qui m'accordent aujourd'hui leur attention ne pourrons pas me la refuser demain. J'ai les mains pleines de vérités. Les personnes qui me liront apprendront des choses étonnantes. Jésus vient à moi pour me raconter sa vie. Je prends la plume et j'écris. Lecteurs, à bientôt.

JOSEPH GUERBERT,

Ouvrier charron à Roissy, près Gonesse (Seine-et-Oise).

www.ingramcontent.com/pod-product-compliance
Lightning Source LLC
Chambersburg PA
CBHW061008050426
42453CB00009B/1323